Sebastian Tischer

IT Offshoring - Chancen und Risiken

GRIN Verlag

Bibliografische Information der Deutschen Nationalbibliothek:

Die Deutsche Bibliothek verzeichnet diese Publikation in der Deutschen National-
bibliografie; detaillierte bibliografische Daten sind im Internet über http://dnb.d-
nb.de/ abrufbar.

Impressum:

Copyright © 2011 GRIN Verlag GmbH
Druck und Bindung: Books on Demand GmbH, Norderstedt Germany
ISBN: 978-3-656-13869-3

Dieses Buch bei GRIN:

http://www.grin.com/de/e-book/189345/it-offshoring-chancen-und-risiken

GRIN - Your knowledge has value

Der GRIN Verlag publiziert seit 1998 wissenschaftliche Arbeiten von Studenten, Hochschullehrern und anderen Akademikern als eBook und gedrucktes Buch. Die Verlagswebsite www.grin.com ist die ideale Plattform zur Veröffentlichung von Hausarbeiten, Abschlussarbeiten, wissenschaftlichen Aufsätzen, Dissertationen und Fachbüchern.

Besuchen Sie uns im Internet:

http://www.grin.com/

http://www.facebook.com/grincom

http://www.twitter.com/grin_com

Technische Universität Dresden

Fakultät Wirtschaftswissenschaften
Lehrstuhl für Wirtschaftsinformatik,
insbesondere Systementwicklung

IT Offshoring - Chancen und Risiken

Seminararbeit
zur Erlangung eines Seminarscheines
nach §7 der Prüfungsordnung Wirtschaftswissenschaften

Sebastian Tischer

Dresden, 7. Juni 2011

Abstract

Offshoring - von seiner Bedeutung her bereits seit vielen Jahren in allen Branchen praktiziert, aber erst seit wenigen in dem IT Bereich angekommen, ist heute in aller Munde und nicht wie anfangs nur ein Trend. Verbunden werden damit nicht selten Debatten über eine Internationalisierung der Wirtschaft, die Auswirkungen der Verlagerung von tausenden Arbeitsplätzen in Niedriglohnländer, sowie Folgen für die inländische Wirtschaft, wie wachsender Vergleichsdruck und niedrigere Gehälter. In Folge einer zunehmend aggressiveren Wettbewerbspolitik der Firmen, wird Kostensenkung die dominierende Strategie und hat oberste Priorität für Unternehmer. Unter dem Diktat solch aggressiver Politik, sei auf eine vergleichende Kostenbetrachtung hinzuweisen, samt genauer Analyse möglicher Probleme und Nachteile für das Unternehmen. Diese Arbeit befasst sich mit dem Begriff des Offshoring im Allgemeinen, einer Artenabgrenzung sowie einer kritischen Betrachtung der Chancen und Risiken im Hauptteil.

Inhaltsverzeichnis

0 Einleitung

Der aktuelle Wirtschaftskreislauf ist geprägt durch sich fortwährend neu eröffnende Beschäftigungs-
sowie Absatzmöglichkeiten aufgrund der Verbreitung von Softwareprodukten in allen gesellschaftlichen und ökonomischen Bereichen und deren stetige Diversifizierung (vgl. [BC05],
S. 34). Aus diesem Grund sind Firmen samt deren Organisation einem ständigen strukturellen
und organisatorischem Wandel unterworfen, um die Aufrechterhaltung ihrer Wettbewerbschan-
ce zu gewährleisten. Um einen größeren Unternehmenserfolg zu versprechen ist nicht selten ein
Wechsel zwischen zentralen und dezentralen Strukturen zu beobachten (vgl. [End04], S. 546).
Diese offensichtlichen und häufig radikalen Änderungen sind meist nur von begrenzter Dauer
und bedingt hohem Einfluss. Es existieren andere Merkmale, welche aufgrund ihrer Wichtig-
und Unverzichtbarkeit im Vordergrund stehen und zuerst erfüllt sein müssen. Gegenwärtig ist
eine Organisation beispielsweise optimal auf die täglichen Aufgaben ausgerichtet, wenn sie
flexibel, effizient sowie kundenorientiert ist. Zur Erreichung ist in einer zunehmend globa-
lisierten und internationalisierten Welt die Nutzung kostengünstiger Ressourcen unabdingbar
(vgl. [BS06], S. 13-14) (vgl. [NBKR08], S. 1).

Genau aus diesem Grund haben viele erfolgreiche Firmen zur Erfüllung jener Faktoren ein
rigoroses Kostenmanagement, welches nicht selten zu Lasten des innerbetrieblichen IT Sektors
geht. Besonders die durch Innovationen und starke Wachstumsdynamik geprägte IT, soll den
Unternehmenserfolg und den Business Value steigern, um somit eine bessere Konkurrenzfähigkeit zu versprechen. Im Grunde ein Widerspruch in sich, allerdings scheint das vermeintlich
neue Offshore-Outsourcing die Patentlösung zu sein (vgl. [BC05], S. 34) (vgl. [BS06], S. 7).
Betrachtet man im Gegenzug andere Industriezweige fällt auf, dass eine globale Arbeitsteilung,
welche ein Synonym für genanntes Offshore-Outsourcing darstellt, schon seit Jahrzehnten an
der Tagesordnung ist.

Becker et. al. beleuchtet in seinem Buch „IT-Offshoring - Potentiale, Risiken, Erfahrungsberichte" auf Seite 13 und 14 die Auslandsvergabe von Aufträgen am Beispiel der Textilindustrie.
Ein direkter Vergleich mit der IT und Softwareentwicklung, zwei grundverschiedener Branchen, scheint auf den ersten Blick gewagt und fern jeglicher Relevanz, allerdings findet der Au-
tor dafür eine passende Begründung: „Die IT ist heute Rohstoff der Wissenschaft, des Handels
und der Industrie. Als nicht-materieller Wert eignet sie sich besonders gut für eine geographisch
beliebige Platzierung auf dieser Erdkugel." ([BS06], S. 14).

Auch wenn dieses Zitat kritisch und mit Abstand betrachtet werden muss, zeichnet sich damit
teilweise ab was Offshoring bedeutet und wie es den Unternehmen nützen kann.

Die eigentliche Frage und Problemstellung folgender Arbeit lautet vielmehr, was versteht man genau unter IT Offshoring, was für Formen existieren und in welcher Art und Weise können Unternehmen davon profitieren oder aber auch daran scheitern.

Der Aufbau der Seminararbeit orientiert sich an dem Prinzip der Deduktion, wobei zuerst allgemeine Erklärungen angeführt, diese dann vertieft und mit Beispielen und Folgen unter-mauert werden. In diesem Sinne befasst sich Kapitel 1.1 mit der Erklärung was IT-Offshoring im deutschen Sprachgebrauch bedeutet. Kapitel 1.2 erläutert existierende Formen und grenzt diese voneinander ab. Die kritische Betrachtung lässt sich in Kapitel 2 nachlesen, wobei dieses in Chancen und Risiken für das auslagernde Unternehmen unterteilt wird.

1 Darstellung des IT Offshoring

1.1 Begriffserklärung

IT Offshoring oder der Term des Offshore-Outsourcing ist eine spezielle Form des Outsourcing. Ben et al. definiert Outsourcing in seinem Artikel „Offshoring in der deutschen IT Branche" folgendermaßen: „Unter Outsourcing wird im Allgemeinen die Vergabe der Verantwortung von ursprünglich selbst wahrgenommenen Aufgaben an andere Dienstleistungsunternehmen verstanden." ([BC05], S. 35). Weitestgehend gleich wird der oben angeführte Term in der Deutsche Bank Research Studie von 2004 definiert. Nach dieser versteht man darunter „...", insbesondere das Auslagern von Infrastrukturen der Informationstechnologie (IT)" ([Fra04], S. 3). Des Weiteren lässt sich noch eine Spezialisierung der Vertragsdauer auf 5-10 Jahre, wenn nicht sogar lebenslang, anführen. Somit ist Outsourcing eine per se langfristige Entscheidung (vgl. [Fra04], S. 4) (vgl. [End04], S. 548).

Weitergehend zu klären ist, was genau unter Offshoring zu verstehen ist. Offshoring ist eine Sonderform des Outsourcing, also die Verlagerung an andere rechtlich unabhängige Firmen, wobei hier besonders von ausländischen Firmen gesprochen wird (vgl. [BC05], S. 34) (vgl. [End04], S. 546).

Gemäß Boes und Schwemmle existiert keine eindeutige wissenschaftliche Definition, vielmehr umfasst der Begriff eher eine Sammlung von verschiedenen Tätigkeitsbereichen, sowie die Variation verschiedener Verwendungsweisen. In den 1970er - und 80er Jahren beschrieb Offshoring meist die Weitergabe von einfachen Datenerfassungsdiensten der Vereinigten Staaten von Amerika an karibische Inseln. Mit der Zeit weitete sich dieses Prinzip auf verschiedene Länder aus und gewann an Komplexität (vgl. [BS05], S. 9).

Der Gedanke hinter Offshoring ist nicht vollkommen neu, sondern wurde schon seit vielen Jahren in anderen Branchen wie Nahrungsmittel-, Bekleidungs- sowie Maschinenbauindustrie verwendet. Referenzbeispiele und Anschauungsunterricht solcher erfolgreichen Auslagerungen existieren in großer Zahl, zu suchen in oben genannten Branchen, welche dies schon seit vielen Jahren praktizieren (vgl. [BS06], S. 13). Gewisse Vorsicht ist allerdings geboten, wenn man von der weiter oben genannten Definition insofern abweicht, dass Entwicklungskapazitäten an eigene Tochterunternehmen oder Joint Ventures, unter Beteiligung ortsansässiger IT-Unternehmen, ausgelagert werden, auch wenn diese im nahen oder fernen Ausland liegen. Sollte diese Form der Auslagerung bzw. Umlagerung stattfinden, spricht man von internem Offshoring als Spezialfall, da es keine Vergabe an Dritte im eigentlichen Sinne ist (vgl. [BS05], S. 10).

1.2 Artenabgrenzung

Nicht ganz ersichtlich wurde bisher, ob sich oben genannte Begriffe noch unterteilen oder abgrenzen lassen und ob möglicherweise verschiedene Terminologien existieren.

Grundsätzlich lässt sich IT Offshoring in die zwei Unterkategorien, Nearshore und Farshore (teilweise auch nur Offshore), unterscheiden. Nearshore bedeutet, dass die vergebende Firma Anbieter, Standorte sowie Ressourcen im Ausland, allerdings auf dem gleichen Kontinent liegend, nutzt. Die Terminologie des Farshoring bzw. Offshoring umfasst, dass sich Anbieter auf einem anderen Kontinent befinden (vgl. [NBKR08], S. 4) (vgl. [BS06], S. 15).

Folgende Abbildungen aus zwei verschiedenen Deutsche Bank Research Studien von 2004 und 2005 zeigen genauere Verlagerungstendenzen Deutschlands sowie der USA. Aus der Studie des Jahres 2004 wird ersichtlich, dass Indien für die USA ebenso wie für Europa an erster Stelle steht, wenn es um die Auslagerung interner IT Ressourcen geht. Für amerikanische Unternehmen folgen darauf Niedriglohnländer wie China und die Philippinen, wohingegen in Zentraleuropa hauptsächlich in osteuropäische Länder ausgelagert wird.

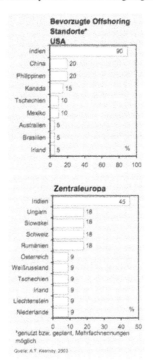

Abbildung 1: Bevorzugte Offshoringstandorte ([Fra04], S. 8)

Einen kleinen Zukunftsausblick gibt der IT Offshoring Report von 2005, welcher ebenfalls von der DB Research angefertigt wurde. In diesem Zusammenhang kommt die Studie auf nahezu gleiche Werte, wobei Indien und Osteuropa ähnlich beliebt sind. Allerdings weisen die Zukunftstendenzen eher in Richtung Polen, Tschechien, der Slowakei sowie Ungarn. Nach dieser Umfrage planen Manager eher mit Osteuropa als mit Asien, wenn es um die zukünftige Auslagerung ihrer IT Ressourcen geht.

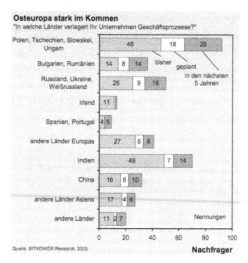

Abbildung 2: Beliebteste Länder für Offshoring ([Sto05], S. 17)

Nachdem nun die geographischen Unterscheidungsmöglichkeiten geklärt wurden, fehlen noch jene inhaltlichen, also eine Unterteilung nach Art und Umfang der auszugliedernden Leistung. Eine solche Untergliederung kann in 3 große Sparten vorgenommen werden, das Utility Outsourcing, Application Management sowie Business Process Management.

Unter Utility Outsourcing versteht man die Auslagerung jeglicher Hard- und Software der Basisinfastruktur, wobei man hierbei im häufigsten Fall von Servern, Netzwerken und Helpdesks spricht. Das Application Management wird verwendet, wenn die Betreuung über die Infastruktur hinausgeht und ganz besonders auf Software Anwendungen übergreift. Typische in der Praxis ausgelagerte Teile sind meist Sicherheitslösungen, HR Services sowie ERP Systeme. Die letzte inhaltliche Gliederung ist das Business Process Management, unter dem man die Auslagerung ganzer Businessprozesse versteht. Angewandt wird diese Form ganz besonders im Inkassowesen sowie im Kundensupport, welcher sich nicht selten als ganzer Teil im Ausland befindet. Des Weiteren finden sich häufig im entfernt gelegenen Ausland ausgelagerte CRM Systeme und die Logistik der jeweiligen Firma (vgl. [BS06], S. 15-16).

2 Kritische Betrachtung

Wünschenswerte Gründe, Motive, Ziele und sogar Träume, einen Teil seines Unternehmens in das Ausland zu verlagern gibt es genug, allerdings muss bei solchen langfristigen Entscheidungen immer mit gewissen Risiken gerechnet werden. Eine kritische Betrachtung beider Seiten, die der Chancen für das auslagernde Unternehmen und die der Risiken werden in folgendem Kapitel kritisch von verschiedenen Stand- und Blickpunkten beleuchtet und analysiert.

2.1 Chancen

Der Hauptgrund die Entscheidung des Offshoring zu treffen und einen Teil seiner internen IT Ressourcen in das nahe oder ferne Ausland auszulagern, ist die Reduktion der Gesamtkosten durch Einsparungen an Löhnen und Fixkosten. Diese Kostensenkung hat wiederum eine gravierende Erhöhung der Konkurrenzfähigkeit und damit der Wettbewerbsfähigkeit, sowie eine Erhöhung des Service Levels zur Folge (vgl. [BS06], S. 19) (vgl. [Fra04], S. 3). Möglich gemacht werden diese Kosteneinsparungen durch ein für das auslagernde Unternehmen als äußert positiv bewertetes Lohngefälle aufgrund von bedeutend niedrigeren Löhnen in dem Ausland (vgl. [BC05], S. 35). Folgende Abbildung der DB Research Studie verdeutlicht den Sachverhalt nochmals, indem diese die Lohnkosten zweier in der IT vertretener Gruppen gegenüberstellt.

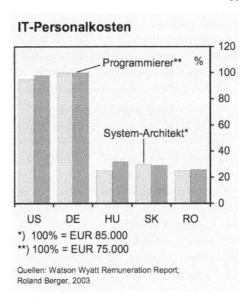

Abbildung 3: IT Personalkosten ([Fra04], S. 7)

In diesem Zusammenhang wird deutlich, dass besonders in dem osteuropäischem Ausland, speziell Ungarn, Slowakei, Rumänien, sowie auf dem asiatischen Kontinent, speziell den Philippinen und Indien, bedeutend geringer Arbeitskosten, Löhne und Sozialkosten anfallen, als vergleichsweise der Schweiz, Deutschland oder den USA (vgl. [BS06], S. 30).

Zu einem ähnlichen Ergebnis kam die Gartner Group, welche in einer Studie die Saläre von Programmierern im Jahre 2004 verglich. So stehen die USA und Kanada an der Spitze der ausgezahlten Löhne, wohingegen Vietnam, Rumänien, China und Indien die letzten Ränge belegen (vgl. [BS06], S. 30). Fasst man oben genanntes zusammen so lässt sich sagen, dass Firmen vorwiegend in Niedriglohnländer wie Indien, China oder Russland auslagern, um eine Reduzierung eigener Arbeitskosten zu erreichen, da besonders in diesen Ländern bis zu 1/5 der europäischen und 1/8 der amerikanischen Lohnkosten anfallen (vgl. [Sto05], S. 4) (vgl. [WS10], S. 133) (vgl. [BC05], S. 35). Allerdings ist eine solche simple Kostenbetrachtung und die daraus offensichtlich interpretierbaren Ergebnisse mit größter Vorsicht zu betrachten, da bei einer Auslandsverlagerung nicht nur Personalkosten angeführt werden dürfen. Vielmehr trifft die Chance auf Kostenersparnisse hauptsächlich bei im Ausland gelagerten Server- und Rechenzentren zu, nicht aber bei allen verlagerten Dienstleistungen (vgl. [End04], S. 548). Eine genauere Betrachtung und Erörterung dieser Problematik wird in Kapitel 2.2 vollzogen.

Eine große Chance für auslagernde Unternehmen ist die damit verbundene Möglichkeit der Konzentration auf die eigenen Kernkompetenzen. Daraus folgt, dass unliebsame und nebensächliche aber trotz allem notwendige Aufgaben, Prozesse und Projekte in das Ausland weitergegeben werden können. Eine solche Verstärkung jener Kompetenz ist beispielsweise die Auslagerung von Risiken, sodass externe Partner mittels eines Service Level Agreements vertraglich für mögliche Risiken haften. Die Folge ist eine erhöhte Professionalität, sich damit ergebende höhere Effizienz und schlussendlich höhere Qualität der Arbeit (vgl. [Fra04], S. 3) (vgl. [End04], S. 548). Allerdings sind es nicht nur die geringen Lohnkosten oder eine Konzentration auf Kernkompetenzen, welche große Firmen zur Auslandsvergabe treiben. Beispielsweise sind weitere potentielle Vorteile und daraus resultierende Chancen der Offshore Software Entwicklung, sowie Auslandsvergabe im Allgemeinen, ein Zugang zu hochqualifizierten und motivierten IT Fachkräften (vgl. [WS10], S. 133).

Im Gegenzug ist es heutzutage nicht nur die Qualität der Mitarbeiter in ausländischen Unternehmen die zählt, sondern auch deren Motivation bei der Verrichtung einfacher IT-Dienstleistungen, welche zum Teil bedeutend höher ist als im eigenen Land. Des Weiteren sind es hervorragend ausgebildete IT Spezialisten samt einer internationalen Ansprüchen genügender und objektiven Prozessbewertung nach verschiedenen Modellen, wie beispielsweise dem „Six Sigma Modell" oder dem „Capability Maturity Model" sowie eine allgemeine Prozesszertifizierung der Unternehmen nach der ISO 9000 Norm, welche auf die Qualität, Verlässlichkeit und Standardisierung schließen lassen. Zusätzlich werden möglicherweise existierende Zeitzonenunterschiede mit nahezu sofortiger Wirkung kompensiert, da eine Verfügbarkeit von Arbeitskräften nicht selten 24h an 7 Tagen in der Woche angeboten wird (vgl. [Fra04], S. 8) (vgl. [BS05], S. 113).

Betrachtet man nochmals den Kostenfaktor, allerdings von einem anderen Blickpunkt aus, so sind es gewisse Einsparungen von denen das auslagernde Unternehmen profitieren kann. Nicht selten subventionieren Staaten und Länder Fabriken, Zweigniederlassungen oder Tochterfirmen, sollten diese in gewissen Zeiträumen an bestimmten Plätzen errichtet oder in Betrieb genommen werden. Mit diesen Subventionen lassen sich neuste und hervorragende technologische Infrastrukturen aufbauen (vgl. [BC05], S. 35). Dies hat eine Verkürzung der Entwicklungszeiten und somit eine noch kundenorientiertere Unternehmensführung zur Folge. Des Weiteren wird auch ein vollkommen neu geschaffener Kontakt zu neuen Absatzmärkten und den dort ansässigen Kunden generiert (vgl. [WS10], S. 133).

In einer Deutschen Bank Research Studie aus dem Jahr 2005 wurde nach einer Befragung folgende graphische Übersicht über die wichtigsten Chancen bzw. Motive des Offshoring erstellt.

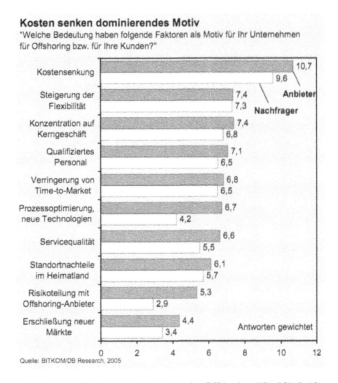

Abbildung 4: Motive bzw. Gründe für das Offshoring ([Sto05], S. 12)

Erkennen lässt sich, dass der Kostenfaktor als dominierendes Motiv an oberster Stelle aufgeführt ist, dicht gefolgt von einer Konzentration auf das Kerngeschäft, wodurch gewisse Flexibilität gewonnen wird. Aufgrund der ähnlich hoch eingeschätzten Wichtigkeit der Merkmale ist eine einseitige Erfüllung nicht ausreichend, damit das Projekt Offshoring als erfolgreich bewertet werden kann.

2.2 Risiken

Auch wenn die Vorteile und möglichen Chancen einer Auslandsverlagerung noch so profitabel, erfolgreich und problemlösend seien mögen, so muss man vielerlei Risiken beachten und einkalkulieren. Gerade eine Vergabe von Aufträgen in andere Kontinente birgt eine große Anzahl an Problemen, welche vermieden werden müssen. Wie in Kapitel 2.1 angeführt, ist ein Hauptgrund und somit eine der am Erfolg versprechendsten Chance, die Einsparung von Kosten bei der Auslandsvergabe. Aber genau in diesem Punkt verbirgt sich ein ebenso erfolgsminderndes Risiko, die Kostenunterschätzung. So ist es nicht ungewöhnlich und überraschend, dass besonders in dem osteuropäischem - sowie dem asiatischem Raum, wie den Philippinen, selbstverständlich bedeutend geringere Arbeitskosten, wie Löhne und Sozialkosten, vorzufinden sind. Allerdings sollte man zur Rentabilitätsrechnung nicht nur Lohnkosten der jeweiligen Arbeitergruppen zu Vergleichszwecken heranziehen. Unter anderem gehören Infrastrukturkosten, wie die Beschaffung einer Workstation einschließlich aller notwendigen Programmierwerkzeuge wie Software etc., zu solchen sich auf die Gesamtkosten auswirkenden Faktoren, da oben genannte Objekte im Ausland gleich viel kosten wie im Heimatland.

Des Weiteren sollten Transaktionskosten für Reisen und Lieferantenauswahl mit bis zu 1-10 Prozent des gesamt Projektwertes veranschlagt werden, sowie für international tätige Anwälte, Vertragsabschlüsse und Rechnungslegung mit bis zu 6-10 Prozent des Projektwertes gerechnet werden. Nicht selten sind es oben genannte und stark unterschätzte Kosten, welche einen großen Anteil daran tragen, dass etwa die Hälfte der Offshore Projekte als nicht erfolgreich bewertet werden (vgl. [BC05], S. 35) (vgl. [BS05], S. 111) (vgl. [BS06], S. 30).

Risiken sind allerdings nicht nur in der zu optimistischen Kalkulation zu suchen, sondern auch in der zukünftigen Entwicklung des Lohnlevels der Länder in die ausgelagert wird.

Wie in Kapitel 1.1 bereits erwähnt, sind Offshoring Verträge auf einen längeren Zeitraum ausgelegt, wodurch gerade mögliche Lohnanpassungen in den Offshore Ländern unausweichlich sind. In einer Studie der Unternehmensberatung Mercer von 2005 ging man von einer Einkommenssteigerung in osteuropäischen Ländern von bis zu 9,9 Prozent aus und in Indien zwischen 5,5 und 7,7 Prozent. Kumuliert man folgende Werte auf 5 Jahre, so wäre eine Steigerung von 100 Prozent möglich. Mögen diese Werte unglaublich und fern jeglicher Relevanz erscheinen, so scheuen diese keine Vergleiche. In China beispielsweise war zwischen 1997 und 2002 eine Gehaltssteigerung der Fach- und Führungskräfte von 130 bis 250 Prozent zu beobachten (vgl. [BS05], S. 111). Allerdings verbergen sich bei den Gehältern noch weitere Risiken. Zwar können reine Aufträge und Aufgaben in das Ausland verlagert werden um eigene Ressourcen zu sparen, doch muss es immer noch örtlich verfügbare Projektmanager geben, die die Einhaltung aller Richtlinien überwachen und somit für einen geregelten Kommunikationsablauf sorgen. In diesem Zusammenhang sind es die Gehälter, Reisekosten sowie mögliche Sprachkurse oder Trennungsentschädigungen der pendelnden Manager, welche die Projektkosten nochmals in die Höhe treiben (vgl. [BS05], S. 111-112). Ein weiteres finanzielles Risiko ist im weitesten Sinne die teilweise recht hohe Fluktuationsrate der IT Mitarbeiter. In Indien beispielsweise liegen diese nach Angaben der indischen National Association of Software and Service Companies, bei bis zu 35 Prozent pro Jahr. Die Folgen für das Projekt sind demnach höherer Einarbeitungsaufwand, eine verzögerte Terminerreichung und somit eine Produktivitätseinbuße zwischen 3-10 Prozent, gesetzt dem Fall, dass die bearbeitende Firma betroffen ist (vgl. [BS05], S. 113).

Ein weiterer wichtiger Kostenfaktor sind die Anpassungskosten der Zusammenarbeit an sich am Absatzmarkt geänderte Erfordernisse, sowie neue Innovationen oder Substitute. Dies muss genauso mit in die Betrachtung eingehen, wie Beendigungskosten der Zusammenarbeit und mögliche Risikoaufschläge auf Währung oder Projektabbruch.

Zusammenfassend lässt sich sagen, dass um das Offshore Projekt realistisch beurteilen zu können, vorher der Business Case, welcher jegliche möglicherweise anfallenden Kosten beinhaltet, kritisch durchgerechnet werden muss. Erst wenn dieser strukturiert und auch vollständig aufgestellt ist, sind finanzielle Risiken unwahrscheinlich und vermeidbar (vgl. [NBKR08], S. 56-58).

Es existieren allerdings nicht nur finanzielle Risiken, welche das Projekt Offshore-Outsourcing zum Scheitern bringen können. Ein teilweise noch viel gravierender Punkt sind die kulturellen und gesellschaftlichen Unterschiede einschließlich landestypische Regeln, Bräuche und Gewonheiten. Beispielsweise scheint es in Indien ein mehr oder weniger bekanntes Phänomen zu sein, dass jegliche Schadensersatzklagen, hervorgerufen durch mangelhafte oder zeitlich verzögerte Lieferung, praktisch fast keinen Erfolg haben (vgl. [BS05], S. 113).

Des Weiteren muss auch mit in Betracht gezogen werden, dass man bei Offshoring Verträgen von Zeiträumen zwischen 5-10 Jahren, wenn nicht für immer, spricht. Dieser Fakt impliziert, dass es keine schnellen Änderungsmöglichkeiten gibt, ohne das man sich hohen Umstellungskosten stellen muss. Somit entstehen entweder neue Kosten für das Unternehmen welches Kompetenz weitergibt, oder jene Kompetenz verkümmert auf dem Gebiet (vgl. [End04], S. 548).

Der allerdings weitaus größere und somit erheblich gravierendere Scheiterungsgrund sind interkulturelle Verschiedenheiten, die nicht selten große, teils schwer überwindbare Hürden ausmachen. Vergleicht man zum Beweis der Feststellung die Länder Deutschland und Indien, so ist nicht anders zu erwarten, dass es große Unterschiede in der Lebens- sowie Arbeitsweise beider Kulturen und Bevölkerungsgruppen gibt. Auch wenn der Vergleich im Folgenden teils an zwei spezifischen Ländern angeführt wird, so sind die Merkmale auf nahezu alle Länder vergleichsweise übertragbar und die Schlussfolgerungen allgemeiner Natur.

Indische Unternehmen weisen beispielsweise einen weitaus individualistischeren Arbeitsstil auf als Deutsche, in welchen im Gegenzug ein sehr kollektives Verhalten herrscht. Dieser Unterschied manifestiert sich ganz besonders dann, wenn beide Arbeitsweisen aufeinander treffen. Die Folge sind Verständnis- und Anpassungsprobleme sowie eine daraus resultierende Qualitätsminderung. Ein weiteres Problem sind die unterschiedlichen Machtdistanzen, also das „Ausmaß, zu welchem ungleichmäßige Machtverteilung innerhalb einer Gesellschaft akzeptiert wird" ([WDH07], S. 97). In Indien ist diese vergleichsweise hoch, wodurch wiederum die hierarchischen Unternehmensstrukturen erklärbar sind. Die Folge ungleicher Machtdistanzen im Allgemeinen, sind Unterschiede der Auftragsannahme. So werden Formen hoher Machtdistanz als „immer Ja-sagend" ([WDH07], S. 97) beschrieben, was bedeutet das Aufgaben hingenommen werden ohne diese zu hinterfragen. Dies führt besonders bei mehr oder weniger problematischen und unsinnigen Kundenwünschen zu erhebliche Probleme (vgl. [WDH07], S. 97) (vgl. [BS05], S. 112).

Hinzukommen unterschiedliche Aktivitäts- und Passivitätsgrade, welche sich daran äußern, wie und ob Mitarbeiter Ideen einbringen oder nicht. Somit muss der Managementstil genau auf die Mitarbeitergruppe des jeweiligen Landes angepasst werden, sonst entstehen große Konflikte mit der Folge, dass die erwartete Leistungserbringung sich verzögert oder sogar gar ganz ausfällt. Weitaus größere Probleme sind sprachliche Barrieren sowie unterschiedliche Kommunikationsstile, der verschiedenen Länder. Auch wenn Englisch als Mittel der Verständigung immer öfter, wenn nicht fast immer als Standart gilt, bedeutet dies noch lange nicht das jeder Mitarbeiter einer Firma im Ausland diese Sprache auf einem internationalen Niveau beherrscht. Die Folgen sind wieder Kommunikationsprobleme sowie Fehler und Konflikte zwischen den Partnern. Des Weiteren können verschiedene Sprachstile zu großen Missverständnissen führen, welche die Kooperation erschweren und das Projekt gänzlich bedrohen könnten.

Unterschiedliche Designverständnisse, besonders durch soziale Merkmale wie Bildung, dem persönlichen Kontext und sozialem Umfeld etc. beeinflusst, stellen weitere Probleme dar. Solche Unterschiede können die Grundlage für Störungen der Kooperation sein und die Leistungserbringung erschweren, da Erwartungen nicht erfüllt werden (vgl. [WDH07], S. 97).

Ebenso vorher bedacht werden müssen geographische und auch politisch soziologische Gepflogenheiten. So kommen je nach Zielland Risiken hinzu, welche im Heimatland mitunter gänzlich unbekannt sind. Typische Beispiele sind politische Unruhen, Epidemiewellen, Natur-katastrophen oder sogar Krieg (vgl. [BS05], S. 113).

Allerdings sind es mitunter nicht nur mehr oder weniger offensichtliche Risiken und Proble-me, welche bei dieser langfristigen Entscheidung mit einkalkuliert werden müssen. Verlagert man gewisse Unternehmenskompetenzen in das nahe oder ferne Ausland, so ist auch ein Pro-blem, dass gewisses Know-how an andere Unternehmen abgegeben wird. In diesem Fall ist die Frage, ob die Sicherheitspolitik der Firma an die ausgelagert wird, ausgeklügelt und ausrei-chend erprobt ist um vielleicht sogar geheime Projekte ausreichend zu schützen (vgl. [Fra04], S. 3).

Zusammenfassend lässt sich sagen, dass bei der Verlagerung ins Ausland eine Menge an Gefahren zu erwarten und abzuschätzen sind. Erst wenn diese ausreichend beleuchtet, analy-siert und schließlich bekannt sind, kann das Projekt Offshore-Outsourcing erfolgreich beendet werden.

3 Fazit

Auch wenn Offshoring in der öffentlichen Debatte vor allem mit dem Bestreben identifiziert wird, durch die Verlagerung von Arbeitsplätzen in Niedriglohnregionen die Kosten zu senken und die Gewinnmargen zu erhöhen, geht es im Kern dennoch um viel mehr als ein neues Konzept zur Kostensenkung. Schon längst ist Offshoring keine Modeerscheinung oder gar ein Trend mehr, sondern eine ernst zu nehmende strategische Entwicklung. Mit dem immer weiter zunehmenden Industrialisierungs- und Internationalisierungsschub der IT Branche und ganz besonders der Bereiche Softwareentwicklung und IT Service zeichnet sich bereits ein Weg für die Zukunft ab. Die Folgen sind nicht nur Kostensenkungen, Einsparungen und höhere Gewinnmargen der Unternehmen, sondern auch Arbeitsplatzverluste im eigenen Land, höherer Vergleichsdruck sowie Abwanderung von Experten.

Für die auslagernden Firmen ist und bleibt Offshoring allerdings ein dominierendes Mittel im Kampf um Kosteneinsparungen. In diesem Sinne sind es Unterschiede wie ein äußerst positives Lohngefälle, hochqualifizierte und ebenso hochmotivierte ausländische Arbeiter sowie eine den internationalen Vergleich nicht scheuende Standardisierung der erbrachten Leistung, welches als Anreiz für solche Projekte gilt. Trotz allem muss eine solche Auslagerung vorher gut durchdacht und kalkuliert werden, da sonst ein Scheitern droht. Meist werden besonders oft anfallende und offensichtliche Kosten unterschätzt oder nicht berücksichtigt. Des Weiteren existiert häufig eine Vielzahl kultureller Unterschiede, die sich erst im Laufe eines Projektes als Problem erweisen und dies schlussendlich zum Scheitern bringen könnten.

Zusammenfassend lässt sich sagen, dass Offshoring eine sehr gute Chance für Unternehmen darstellt, ihre Kosten zu senken aber gleichzeitig die Qualität der erbrachten Leistung aufrecht zu erhalten. Dafür muss vor dieser langfristigen Entscheidungsfindung jede Möglichkeit, mag sie positiv oder negativ sein, beleuchtet, analysiert und bewertet werden, damit am Schluss der gewünschte Erfolg eintritt. Es ist daher nicht sinnvoll, nur die Vorteile isoliert zu diskutieren. Sich mit dem Thema Offshoring zu befassen, heißt vielmehr sich umfassend mit den Herausforderungen einer neuen Phase auseinander zu setzen und jede mögliche Seite zu beleuchten. Wurde dies ausführlich genug getan, steht einem ehemaligen Trend, dem Offshoring, nichts mehr im Weg.

Abbildungsverzeichnis

Abkürzungsverzeichnis

Abb.	Abbildung
bzw.	beziehungsweise
CRM	Customer-Relationship-Management
DB Research	Deutsche Bank Research
ERP	Enterprise Resource Planning
HR Services	Human Resource Services
IT	Informationstechnologie
S.	Seite
u.a.	unter anderem
Vgl.	Vergleiche

Literaturverzeichnis

[BC05]   BEN, E. R.; CLAUS, R.:   Offshoring in der deutschen IT Branche.   In:
Informatik-Spektrum 28 (2005), 34-39. http://dx.doi.org/10.1007/
s00287-004-0382-0. – ISSN 0170–6012. – 10.1007/s00287-004-0382-0

[BS05]   BOES, A.; SCHWEMMLE, M.: *Bangalore statt Böblingen?: Offshore-Outsourcing
und Internationalisierung im IT-Sektor.* 1. Vsa, 2005. – ISBN 3899651030

[BS06]   BECKER, M.; SURY, U.: *IT-Offshoring: Potenziale, Risiken, Erfahrungsberichte.*
Orell Fuessli, 2006. – ISBN 385743726X

[End04]   ENDRES, A.:   Sind Outsourcing und Offshoring die neuen Heilmittel bei
Informatik-Problemen?   In: *Informatik-Spektrum* 27 (2004), 546-550. http:
//dx.doi.org/10.1007/s00287-004-0410-0. – ISSN 0170–6012. –
10.1007/s00287-004-0410-0

[Fra04]   FRANK, H. J.: IT-Outsourcing: Zwischen Hungerkur und Nouvelle Cuisine. (2004),
6. April, Nr. 43

[NBKR08] NICKLISCH, G.; BORCHERS, J.; KRICK, R.; RUCKS, R.:   *IT-Near- und Offshoring in der Praxis, Erfahrungen und Lösungen.* 1. dpunkt Verlag, 2008. – ISBN
3898645339

[Sto05]   STOBBE, A.: Offshoring-Report 2005 - Ready for Take-off. (2005), 14. Juni, Nr.
52

[WDH07]   WINKLER, J.; DIBBERN, J.; HEINZL, A.:   Der Einfluss kultureller Unterschiede
beim IT-Offshoring.   In: *Wirtschaftsinformatik* 49 (2007), Nr. 2, 95–103. http:
//dx.doi.org/10.1007/s11576-007-0031-8. – DOI 10.1007/s11576–
007-0031-8. – ISSN 0937–6429

[WS10]   WIENER, M.; STEPHAN, R.: Eine kundenorientierte Methode zur Anforderungsva-
lidierung in der Offshore-Softwareentwicklung. In: *Wirtschaftsinformatik* (2010),
März, Nr. 03, S. 133–147